Esta breve historia, recorre u idealmente por muchas personas sensiblemente en su imaginación por los entornos y contornos de una vida social, económica, cultural, ideológica y política.

Mi agradecimiento a Gledys mi esposa, por su entusiasta apoyo, quien me ayudó a plasmar estas ideas para convertirla en libro. A mis hijos: Guillermo por sus opiniones, Victor por ayudarme a desarrollar uno de los capítulos. Mi madre Miriam, quien con su visión comunicadora hizo el cuidado editorial de esta breve obra.

INDICE

PRIMERA PARTE

Capítulo 1/ INTERGALÁCTICA

En un lugar del planeta, desconocido para muchos, existe una sociedad tranquila que desde hace más de 100 años no ha tenido conflictos de guerra con sus vecinos, y su crecimiento económico y social, hace ya más de 25 años, anuncia seguir siendo de mucha prosperidad. La prosperidad se la debe al espíritu de adaptación a los avances, siendo los tecnológicos muy importantes para obtener provecho que se multiplique en beneficios para proporcionar calidad de vida a sus habitantes.

En un punto luminoso casi imperceptible del Universo esta Intergaláctica, una sociedad que desde hace más de un siglo ha vivido en completa libertad.

Sus habitantes desconocen dictaduras y tiranías; términos y experiencias del pasado que una vez pasó rasante pero quedó escrito en los libros y ahora no representa peligro alguno en el camino del avance de Intergaláctica. ¿Por qué?, pues muy sencillo, sus vecinos ya no están guerra y sus relaciones comerciales y políticas son inmejorables.

En Intergaláctica las libertades individuales que descansan en un sistema político y social ordenado, tienen un peso limitado para el Estado y la Política. Los ciudadanos que ejercen cargos públicos tienen sus trabajos y negocios propios que les reportan mejores ingresos, por lo que no existe interés en perpetuarse en el status, sino más bien pasar por el tránsito de hacer política como un servicio temporal.

Esta sociedad tiene su Constitución desde hace más de 50 años. Fue redactada y promulgada siguiendo la ruta de muchos países que se regían por este modelo; se trata de un instrumento de pocos artículos y hasta ahora no ha sido necesario hacer ninguna reforma. Sin embargo, después de su entrada en vigor, la sociedad que la había formado observó y confirmó que este instrumento no exigía cambios sustanciales en su estructura social y productiva. Lo que en otras sociedades se conoce como pobreza, en Intergaláctica sólo se carecía de bienes y servicios. La espera de un tiempo real para promover los cambios programados dio sus frutos, porque no solo se alcanzó la calidad de vida al superar las necesidades mínimas vitales, sino que algunas personas empezaron a plantearse aspectos más filosóficos que materiales para la vida, obtenidos porque había tiempo libre para alcanzarlos.

El tiempo fue avanzando y la sociedad fue respondiendo para superar problemas de empleo, inflación, recesión económica, déficits fiscales y más, por lo que la prosperidad de los habitantes de la sociedad no tuvo tropiezos de la clase política que había regido sus destinos; estos personajes se adaptaron más a las necesidades reales de la sociedad a la que pertenecían, que al torbellino de la ansiedad del poder.

7

Capítulo 2 / PERSONAJES

En todas las sociedades aparecen personajes, grupos, familias que generacionalmente han puesto esfuerzo al trabajo y superando dificultades para colocarse en la ruta del avance tecnológico. Esta acción ha reportado muchos beneficios para la gran mayoría de la sociedad, siendo los campos de la alimentación, la salud y la educación las áreas y retos más importantes.

Los promotores del avance tecnológico en Intergaláctica es el grupo familiar que conforma el señor Oliver Morgan, su esposa Gladys Brown y sus hijos Andrew, Cinthia y Thomas. Todos ellos empujan hacia delante la empresa NoviCoot, una causa productiva ganada para la defensa del Ambiente.

Los proyectos más recientes puestos en marcha por NoviCoot van desde utensilios comestibles producidos con extractos de alimentos, sustitución del plástico por bolsas de apariencia en papel con una multidiversidad de uso para personas y animales; restauración de bosques ante amenazas de incendios forestales y reforestación; además dos empresas tecnológicas conocidas como Maticprocess dedicada a la automatización de procesos tecnológicos y Novatecom orientada a la creación de nuevos equipos técnicos

Desde hace aproximadamente 10 años se ha venido formando un grupo que se autodenomina *Fraternis Equidaris* (*FEq*). En un principio se llamaban los *"justicieros altruistas del pueblo"*, según ellos si han sido capaces de reconocer cuales son las verdaderas inquietudes, necesidades y anhelos de todos los ciudadanos de Intergaláctica.

En sus inicios, este grupo al ver los nuevos cambios en la producción, en los avances tecnológicos, y la generación de nuevas formas e iniciativas de negocios y emprendimientos, auguraban un futuro de pobreza, desempleo, pérdida de poder adquisitivo. Según sus predicciones, la gente no iba a tener acceso a la educación, asistencia de salud, alimentación y lo que se avecinaba en el camino era una desmejora en la calidad de vida. Cada cierto tiempo se vaticinaba que esta prosperidad era temporal, endeble, falsa y que lo peor estaba por venir. El resultado de estas predicciones nunca se cumplía y la realidad se alejaba de los pronósticos.

Al pasar 10 años de la creación de este grupo social, se reunieron, como era costumbre hacerlo todos los años, para debatir y cambiar el mensaje y consideraron que independientemente de lo que durase la burbuja de la falsa prosperidad, había que buscar el camino de la no diferenciación excesiva y el no alejamiento de la solidaridad de los grupos de poder para con los más desfavorecidos, no solo en lo material, sino también en lo intelectual y en la ausencia de oportunidades.

Después de probar opciones e iniciativas, se consideró que el camino más idóneo era incursionar en política porque así podían estar más cerca de los recursos, los podían manejar y dar más oportunidad a los olvidados y marginados por la sociedad. Los estatutos recogían claramente que no era una asociación con fines políticos, pero surgió la salvedad que si podían participar en elecciones de cargos públicos; por cierto, esta cláusula del estatuto apareció de un día para otro y nadie supo cómo ocurrió.

Capítulo 3 / DIVISIONES ADMINISTRATIVAS Y TERRITORIALES

Brevemente explicamos las divisiones administrativas. Por ejemplo: EEUU tiene 50 estados, estos estados se dividen en condados y la siguiente subdivisión de condados la conforman ciudades y municipios. Intergaláctica tiene Territorios (Estados), dentro de los Territorios hay Tenencias (Condados) y las Tenencias se subdividen en regidores (ciudades y municipios). Intergaláctica está compuesta por cinco territorios: Boral, Austral, Levant, Perth y Herz.

El sistema de elección ya había dejado de ser presencial, solo se hacía a través de dispositivos electrónicos y por correo físico en algunos lugares, donde estos votos representaban menos del 0,2 %. Las elecciones estaban programadas para el primer miércoles de mes. Cada administración tenía una fecha distinta para convocarlas. Para obtener un ganador había que alcanzar más del 50%; si esto no ocurría, se convoca a otras elecciones para el primer miércoles del próximo mes, y de no lograrse el 50% se volvía a convocar para el primer miércoles del próximo mes y así sucesivamente.

Nunca se había presentado la circunstancia de realizar más de dos elecciones; en ocasiones, los candidatos que no ocupaban el primer puesto se retiraban y se evitaba la repetición del sufragio. Las nuevas autoridades tomaban posesión del cargo ocho semanas después de las votaciones, y el día escogido era un miércoles.

11

SEGUNDA PARTE

Capítulo 4 / ELECCIONES

Las próximas elecciones serán para Herz y Perth. El grupo *FEq* decide presentarse en Herz porque ahí tienen su sede. Presentarán los candidatos para estas elecciones donde se escogerán los cargos de regidores. En estos comicios logran la elección de cinco regidores de 19 posibles; creen darse cuenta de que con poco esfuerzo tendrán acceso a cargos políticos que nunca habían conseguido.

El siguiente paso será la decisión de presentarse a todos los cargos de elección en la totalidad de los cinco territorios. Culminado el proceso de elección, el 28 de diciembre asumen su cargo las nuevas autoridades, es decir los que fueron elegidos en los territorios de Perth y Herz.

La metodología de trabajo es estructurada y simplificada, por lo que las autoridades anteriores dejarán todo en orden en pocos días. Sin embargo se tiene planificado automatizar estos cargos públicos y no depender de la intervención humana. El mecanismo es comenzar con algunos regidores pilotos, luego pasarlo a las tenencias, y la última etapa recaerá en las primeras jerarquías que están en los territorios.

Para los futuros historiadores de Intergaláctica, el 28 de diciembre de 2050 sería el día cuando comienza a cambiar el destino de esta sociedad. Ocurrirá una alteración de muchas estructuras hasta en la vida cotidiana; todo será en un tiempo precipitado que seguramente nadie imaginaba.

Los cincos representantes que habían sido electos como regidores en Herz, y ya ubicados en sus puestos, realizan su trabajo sin problema porque todo está estructurado y bien encaminado. El grupo les exige a estos representantes que le envíen todo lo que se hace allí de manera detallada; con quienes trabajan y cuáles son los recursos con que cuentan y tienen a disposición.

Dos de los representantes electos no estaban de acuerdo con la nueva forma de trabajar; aluden que fueron elegidos para cumplir obligaciones con la comunidad. Cada vez que ocurría un desencuentro con los cabezas visibles del partido, se organizaba alguna reunión para repetir lo de siempre: tú estás ahí por y para el partido.

Uno de los representantes cedió a todas las exigencias solicitadas, mientras que el otro les dijo que él, aunque estuviese apoyado por un partido, era una persona independiente que puede tomar sus propias decisiones; pasaron seis meses de mucha presión para que informaran de todo su trabajo; el no respondía, aunque seguía cumpliendo con su trabajo.

Llegó el día de no acudir al trabajo. A primeras horas de la mañana del siguiente día llegó una encomienda conteniendo el dispositivo electrónico que tenía asignado y un mensaje muy corto. Había enviado su renuncia y agradecimiento por el tiempo que estuvo allí trabajando; expresó que quería dedicarse a otras cosas y por lo tanto se mudaba a otra ciudad.

13

Capítulo 5 / AÑO 2052

Hasta el año 2052 se habían realizado varias elecciones en los diferentes Territorios; el grupo *FEq* se presentó a todos los cargos posibles. Hasta ahora cuenta con una participación de más del 50%. Este grupo, con una buena cantidad de representante en Intergaláctica, se da cuenta que no basta tener una gran mayoría para tener más poder político, porque la Constitución y las estructuras sociales y productivas son muy flexibles para que la gente realice sus proyectos de vida con amplia libertad y tenga un estado limitado de sus funciones.

A partir de este punto, *FEq* empieza una campaña propagandista explicando la importancia que representa tener un Estado fuerte que tenga el poder necesario para asumir grandes decisiones en beneficio del colectivo. Algunas voces empezaron a dar alertas de este tipo de políticas porque la gran prosperidad que habían tenido se debía a la libertad de sus ciudadanos de emprender y no porque los políticos tomaban decisiones.

Cuando alguien no estaba de acuerdo con los planteamientos de este grupo los tachaban de egoístas, pocos patriotas, poco solidarios y sin empatía para sus semejantes; según ellos por culpa de esta actitud mezquina, aún sigue existiendo gente marginada en la sociedad.

La familia Morgan uno de los promotores del avance tecnológico y proyectos productivos para la conservación y medio ambiente, fue una de las primeras en mostrar datos y estadísticas evidentes del progreso que venía demostrando Intergaláctica en los últimos años. Esta

14

familia conocía por experiencia propia, trabajo y esfuerzo, que al tener libertad pudieron alcanzar estos logros que han repercutido positivamente en la sociedad.

Pasaron seis meses desde los últimos acontecimientos; todo parecía volver a la normalidad. Uno de los aspectos importantes de Intergalactica era el orden por parte de sus ciudadanos, seguridad y paz al no estar involucrados en ningún tipo de conflicto armado. Mientras tanto el grupo *FEq* decía que aunque Intergaláctica gozara de orden, seguridad y paz, era el momento de tomar nuevas previsiones ante los peligros de fuerzas externas que pudieran perturbar la tranquilidad, por lo que volvieron a insistir otra vez en alcanzar un Estado fuerte para proteger a los habitantes.

Enfrentar esta situación representó plantearse el aumento de los impuestos para contar con un presupuesto idóneo que cubriera las necesidades de la seguridad y defensa. Las modalidades impositivas tenían varias formas de recaudación. La más alta era de 0,9% y otra forma era la solidaria. Los habitantes de Intergaláctica las realizaban espontáneamente.

Como se trataba de una sociedad prospera y productiva, sus necesidades básicas estaban cubiertas, pero siempre había algún proyecto social que era necesario llevar a cabo. En esta fase los ciudadanos daban su aporte a través de acciones de solidaridad. En los últimos años la recaudación ha sido mayor a través de esta modalidad más que de los propios impuestos. Se han registrado superávits de lo recaudado que ha sido mayor a lo que se debía y necesitaba gastar.

Cada vez que *FEq* presenta un proyecto a la sociedad, se les demuestra con evidencias claras, de registros y datos estadísticos, de cómo ha sido la prosperidad y bienestar. Aun así, siempre argumentan que aunque las cosas estén bien, si se dejan seguir tal como están la situación podría cambiar para mal, por lo que alertan a la sociedad de los posibles peligros.

En esta situación se han mantenido durante un tiempo y los argumentos no son tomados en cuenta para aplicarlos a la sociedad; en este momento quieren decidir que no se deben hacer propuestas que no prosperen, que es preferible pasar a la acción e imponer los planes. Por la vía legal creen que la posibilidad de éxito es remota, aunque ellos ocupen en este momento un poco más del 50% en cargos públicos porque ya se han dado cuenta que no pueden cambiar libremente las leyes a su antojo.

Dentro de la organización hay voces insinuantes que expresan que las cosas para obtenerlas deben ser por la fuerza para establecer un nuevo orden. Estas nuevas ideas no se habían planteado nunca de manera abierta. El grupo había utilizado la manipulación, la coacción y el chantaje dentro de sus mismos integrantes para lograr sus objetivos, y cuando alguno de ellos se oponía, de inmediato era excluido y hasta expulsado del grupo.

Estas mismas técnicas de chantaje contra los miembros de otros grupos quisieron aplicarlas, pero no obtuvieron ningún resultado porque nunca encontraban un flanco débil así fuese por mala gestión, alguna irregularidad, y/o acto de corrupción, entre otras. Hasta el momento no habían incurrido en actos de corrupción porque todo acto estaba controlado y automatizado y era casi imposible, con la tecnología implantada, que se dejara huella al cometerse algún acto irregular

Capítulo 6 / HISTORIA DEL GRUPO AÑO 2040

En los estatutos nunca existió una jerarquía estipulada para este grupo. No había cargos superiores a otros. El reglamento, en uno de sus puntos, estipulaba que era un grupo completamente horizontal donde todos tenían derecho a expresar libremente sus ideas y nadie emitía órdenes sobre los demás compañeros´; pero en la práctica realmente la situación era otra a lo establecido en el reglamento interno.

Examinando el pasado, se observó que las condiciones de creación de este grupo comienzan en el año 2040, de una forma aparentemente casual. Un grupo de tres amigos que durante mucho tiempo habían compartido una vida desordenada, autores de muchos problemas y causantes de molestias a las personas que los rodeaban, tuvieron delirios de grandeza al asegurar que la sociedad los rechazaba porque eran personas con mucho potencial. La envidia circundante no los dejó prosperar como ellos lo merecían.

Para crear este grupo los personajes necesitaban recursos. Los tres tenían algo de capital para iniciar el proyecto, pero sabían que necesitarían más recursos para mantenerse en el tiempo. De esta manera la vía escogida fue ingresar en política para acceder a cargos públicos y estar más cerca del poder para alcanzar sus objetivos.

Empezaron con la búsqueda de recursos entre sus conocidos, pero la cuantía no fue suficiente para sus propósitos. Se les ocurrió la idea de buscar otros ingresos en personas adineradas y pusieron manos a la obra, realizando eventos donde explicaban que ellos serían un grupo que a través de donaciones independientes sacarían adelante a los más desfavorecidos.

La consigna surtió su efecto y encontraron altruistas que les pareció viable la propuesta y dieron su apoyo; con estos nuevos recursos crearon oficialmente en el año 2040, el grupo *Fraternis Equidaris*. Pasado más de un año, solo se dedicaron a hacer críticas a la sociedad establecida, indicando sus fallas y los problemas que iban a tener en intergaláctica sus ciudadanos si no se corregían a tiempo estos errores.

La insistencia en la búsqueda de recursos continuó, pero con poco éxito. Los donantes que al inicio dieron un gran apoyo económico y logístico, desistieron del proyecto al no ver resultados. Muchos hicieron saber que habían sido engañados al decirles que se trataba de proyectos solidarios, circunstancia que no ocurrió así. Los recursos que lograron reunir, sólo les alcanzaría hasta el año 2043; de ahí en adelante este grupo estaba condenado a desaparecer.

Capítulo 7/ ARRANQUE DEL GRUPO

En el año 2043 cuando prácticamente ya no contaban con recursos para seguir manteniendo el proyecto, reciben un mensaje donde los invitaban a reunirse para tratar asunto importante. Ellos no tenían idea de que se trataba esta invitación, pero decidieron aceptarla. Acuden a la reunión al sitio indicado, un edificio de empresas; al llegar son atendidos por una secretaria virtual. Se trata de una empresa pionera en el uso de esta tecnología con buenos resultados, desarrollada por la familia Morgan-Brown.

En la espera, se acerca y se presenta la señora Carmen Smith, como esposa de un empresario y filántropo fallecido por causas naturales en el año 2040 y comenta, que las empresas propiedad de su esposo marchan muy bien, pero ahora ella quiere retomar las labores filantrópicas de su difunto esposo. Les explicó que él había hecho una donación al grupo poco antes de fallecer, y quería confirmar a través de informes y estadísticas cómo había sido la evolución de este grupo para ver si los podía seguir apoyando económicamente, por lo que les sugiere reunirse de nuevo en dos semanas.

Al salir del lugar la primera pregunta obligada que comparten los tres, es cuáles serán los informes y estadísticas que van a presentar. A ellos no se les conoció la realización de alguna labor social con los recursos que habían recibido; sólo se dedicaban a dar opiniones políticas. Tenían el registro de todas las donaciones recibidas, pero el destino de los recursos era todo un misterio. Por esta razón consideraron planificar bien la respuesta a la señora Smith, por ser este el único ingreso que se vislumbraba en el horizonte, para mantener el grupo y en consecuencia su calidad de vida.

Uno de ellos plantea dos opciones: la primera, ver como inventan una historia de los supuestos proyectos sociales que habían realizado, pero se dan cuenta que esta opción es inviable. En estos tiempos donde la tecnología ha alcanzado un nivel de eficiencia comunicacional, es difícil inventar lo que no puede ser probado. La segunda opción es que uno de ellos tenga una relación más cercana con la viuda Carmen Smith para que les otorgue la donación correspondiente y no pida ningún registro. Deciden tomar la segunda opción e indicar quién de los tres va a ser el elegido para llevar a cabo este plan.

Era difícil tomar la decisión porque los tres eran charlatanes profesionales de mucha labia; tenían una cultura amplia y habían aprendido a rodearse de gente influyente que conocía los protocolos a seguir para cada situación. La solución que encontraron fue hacer una reunión informal para conocer cuál de los tres podía tener más potencial para asumir el reto.

En la primera reunión sostenida con la señora Smith el grupo acordó disponer de la información en dos semanas, también le solicitaron que si antes de esa reunión -donde se mostrarían los informes, trabajos y estadísticas- podían tener una reunión previa de carácter más personal, la señora Smith manifestó no tener problema alguno para realizarla. La invitaron a un restaurant y en amena tertulia le hicieron una referencia de manera general sin entrar en detalles, sobre la historia del proceso de formación del grupo y el objetivo social que perseguía.

Esta breve explicación dio pie para pedirle a la señora Smith que les comentara de su trayectoria personal quien comentó sobre sus proyectos pasados y actuales y puso énfasis en los que se han desarrollado después de la muerte de su esposo; los de ella a título individual, y los compartidos con su esposo.

Comentó que la última etapa de los trabajos ejecutados fue la de revisar las fundaciones y las actividades filantrópicas de su esposo y ahí encontró datos del aporte que había hecho de todas las actividades y donaciones; todas habían quedado registradas pero desconocía que había sucedido con el destino de los recursos otorgados a *"Fraternis Equidaris"*, solo se registraba la aportación pero no habían datos si seguían operativos y si requerían de alguna ayuda extra de recursos.

Al grupo se le ocurrió comentar que en este preciso momento carecían de recursos y que esta circunstancia los colocaba en condiciones de disolverse o desaparecer.

Aunque la conversación tomó otro camino, continuaron la charla para hablar de cosas más personales. Cada uno de ellos contó su historia entre signo de exageración y mentiras. La señora Smith contó aspectos de su historia personal, su adolescencia, el tiempo que estuvo casada así como los logros alcanzados.

Fue una velada extensa que entre copa y copa llegó a su final. Todos mostraron estar contentos; cada uno regresó a su casa, pero antes acordaron realizar otra reunión para el día siguiente donde se hablaría de datos y trayectoria que tenía el grupo.

Consideraron que no era viable mostrar datos falsos porque era muy fácil para la señora Smith averiguar si todo eso era cierto y no querían quedar mal con ella, se trataba de una señora con muchos contactos y recursos y en un futuro cercano podrían presentarle otro proyecto. Esta presunción no les aseguraba nada porque no sabían si la volverían a ver, sin embargo decidieron que el día fijado para la siguiente reunión ellos le dirían que después de un gran análisis preferían no seguir con estos proyectos sociales y que se dedicarían a otras labores.

La reunión estaba prevista para un viernes en horas de la mañana; el lugar, la oficina de la señora Smith. El grupo se dirigió al sitio acordado. Trascurrida media hora la señora Smith no se presentó y envió un mensaje de disculpa por no estar a la hora acordada, y les comenta que será complicado reunirse en la mañana por lo que recomienda el encuentro a las ocho de la tarde del mismo viernes.

Al grupo le pareció un poco extraño escoger esa hora, un día viernes y en una empresa para presentar un proyecto. Cada quien se marchó a su casa y antes de las ocho de la noche puntualmente se hicieron presentes como les habían indicado; previamente la señora Smith les comunicó que pasaría por ellos a recogerlos.

La señora Smith, pasó en su coche a recogerlos y se dirigieron a las afueras de la ciudad. Llegaron a una casa muy grande donde fueron bien recibidos. Los invitaron a un salón donde estaba la señora Smith acompañada de unas amigas a quienes presentó como sus socias. Pasaron a una terraza donde se admiraban buenas vistas hacia el mar. Las anfitrionas ofrecieron un buffet con muchas opciones de comidas y bebidas.

La apertura de la reunión fue conducida por las socias y amigas de la señora Smith quienes comentaron a lo que se dedican y quiénes eran. Pasaron las horas entre comidas y bebidas, en conversación amena y con buena música. Hasta ese momento no se había abordado nada del tema que los llevó como propósito a dicha reunión. Las señoras no preguntaron nada y una de ellas propuso bailar un poco. Cuando deciden retomar la charla, las damas expresaron su agrado por su compañía y conversación, y sugirieron que podrían repetirse de vez en cuando estas reuniones; ellos quedaron encantados.

Cuando los tres se marchaban a sus casas, una de las señoras les dijo que el próximo miércoles cumplía años, y los invitaba para acompañar a las tres amigas para un paseo en el yate; es la oportunidad, dijo, para hablar de los proyectos que tenían pendientes. El día convenido para el paseo en yate la dueña y anfitriona les dice que nadie más vendrá a su fiesta de cumpleaños, sólo estarán ellos, por lo que le gustaría que la acompañaran durante cinco días a una isla. Uno de los invitados dijo que no tenían equipaje para pasar esos días, a lo que la anfitriona dijo que no era motivo de preocupación porque en los camarotes había lo necesario para el viaje.

Al retorno del viaje las amigas y socias les comunican que ellas quieren participar donando recursos para sus proyectos y además quieren contratarlos como personas de confianza. Se desconoce qué mecanismos emplearon con ellas para lograr este objetivo, porque durante el viaje nunca se habló de trabajo, de proyectos sociales ni nada parecido. Fue así como el grupo recibió un empujón económico importante y nunca visto.

Posteriormente cada uno fue contratado por cada una de las amigas y socias de la señora Smith. A uno le dieron el cargo de *"asesor corporativo directo"*, a otro como *"consultor experto de imagen"* y al tercero como *"consejero delegado asociado"*. Ellas decidieron involucrarlos en sus empresas individuales y no en la que tenían en sociedad. Para las empresas que fueron contratados cada uno de ellos se desconocía a que se dedicaban y que funciones cumplía; y cuando una de ellas se iba de viaje por motivos de trabajo, el asesor fungía de acompañante.

Económicamente los tres estaban posicionados mejor que nunca, gracias a la retribución que percibían como asesores por parte de las señoras. Tenían claro que aunque recibieran ingresos muy elevados, la situación era muy frágil. Dependían de cada una de las dueñas, pero esto contradecía sus planes que era entrar, como siempre lo habían soñado, en el mundo de la política para estar más cerca del poder.

El plan en el año 2044 era buscar voluntarios que se identificaran con este proyecto. Motivaron a potenciales interesados para captar su atención, y organizaron eventos que les permitiera sumar poco a poco voluntarios.

En el año 2045 crece, en relación al año anterior, el número de voluntarios sumando recursos que habían conseguido con la señora Smith y sus amigas. Esto les permitió llevar a cabo la creación de medios informativos y de opinión sobre la supuesta situación actual por la que atravesaba intergaláctica; el futuro que les esperaba era poco prometedor si no actuaban con premura para corregir los errores a tiempo.

Al involucrarse en estos proyectos propagandísticos el tiempo empezó a ser limitado. Las excusas por declinar las invitaciones de las señoras a los viajes se hicieron más frecuentes, por estar muy ocupados con las tareas sociales del grupo; estas iniciativas que requerían de atención, era el futuro bienestar de Intergaláctica. En las empresas asesoradas por el grupo no contaron con su presencia, aunque seguían cobrando sueldos bien elevados. No pasó mucho tiempo para oír como circulaban rumores sobre la gestión de estos tres personajes, a los que calificaban de vividores, no trabajaban y por razones poco transparentes se comentaban estar protegidos por las dueñas.

La cadena de chisme en la sociedad fue tan grande y evidente que llegó a una de las señoras. Estas decidieron ponerse de acuerdo para buscar una salida airosa de este lio sin escándalos. La señora Smith y sus amigas, en el tiempo que llevaban al frente de sus proyectos, nunca estuvieron envueltas en comentarios públicos sobre sus asuntos personales. Cada una de ellas decidió hablar por separado con cada uno de los integrantes del grupo y pedirle que pasaran más tiempo en la empresa y se hicieran ver para evitar murmuraciones.

Los tres accedieron a la petición de las señoras por ser las que sufragaban sus gastos. Hasta ese momento no les habían concretado nada en la política, pero contaban con reservas financieras para cubrir por lo menos seis años, por lo que consideraron valioso cumplir para seguir recibiendo de ellas ayudas y prebendas.

En año 2046, en cada una de las empresas donde estaban ubicados este grupo, los resultados económicos arrojaron resultados negativos grandes, algo impensable porque la situación de Intergalactica cada vez era mejor. Cada una de estas empresas había recibido más clientes e inversiones pero se dieron cuenta que era inviable continuar sufragando los gastos del grupo de "*Fraternis Equidaris*", así como los sueldos tan elevados que el grupo percibía en calidad de no hacer nada. La realidad se impone al final. Las señoras informan a cada uno de ellos que no pueden seguir cubriendo gastos personales ni de trabajo, ni otorgar más donaciones.

A finales de 2046 ya no cuentan con ningún ingreso de las tres empresas. Han hecho proyecciones y tienen reservas para algo más de seis años. Hay una cifra importante de voluntarios que trabajan gratis para ellos, y aún tienen pendiente cristalizar la afiliación solidaria, que es pedir la contribución de una cuota mensual a sus voluntarios.

Todo el plan de ingresar en política y ser dueños de lo que puedan, sólo lo conocen los tres. El mensaje de este grupo es que van en busca de la solidaridad colectiva y no del beneficio individual. Los tres establecieron una planificación detallada de cómo y cuándo actuar para abarcar todo el poder en Intergaláctica. Plantearon que no se les informará a sus voluntarios y afiliados la decisión de incursionar en política hasta el último momento. Hay fecha para participar en las elecciones de 2050 y el proceso comenzará presentándose en el territorio de Herz.

La espera de sólo cuatro años los conduce a planificar, seguir con la información propagandista, buscar más voluntarios y afiliados y administrar correctamente los recursos que consiguieron con la señora Smith y sus socias. Algunos ingresos provenientes de la fuente de sus afiliados aún son escasos, pero desde ahora hasta el 2050 habrá que ejecutar todo lo planificado.

Capítulo 8 / REGRESO AL AÑO 2052

Dentro de la organización se oyeron voces insinuantes que las cosas para obtenerlas *"en algún momento exigen incurrir a la fuerza para establecer un nuevo orden"*. Nunca se había planteado la violencia como un modo de obtener resultados, ya que este era un grupo que en sus estatutos pregonaba la paz, la solidaridad y el bienestar colectivo; aplicar este método pacífico favoreció la conquista de muchos voluntarios y adeptos a lo largo de los años.

Las cabezas visibles sabían que hablar de combate directamente para obtener poder no era apropiado, por lo tanto, matizaban sus palabras y plantearon para este caso *"ligeros cambios de estructuras materiales y físicas en un estado de desaparición temporal para construir nuevas estructuras más duraderas y adecuadas para el colectivo"*, en pocas palabras estaban planteando aplicar el sabotaje.

Este grupo en la práctica funcionaba de la siguiente manera. Los tres líderes planificaban; la segunda capa correspondía a los de máxima confianza, eran los primeros en conocer los planes. La tercera capa sólo tenía conocimiento que era lo que a ellos le correspondía hacer, pero sin saber nada más; y la cuarta capa era el resto, es decir todos los idealistas que no tenían ni el menor conocimiento de cómo funcionaban en verdad las cosas y cuál era el verdadero objetivo del grupo.

Aunque tenían más del 50% de cargos obtenidos a través de elecciones, no era una cantidad suficiente, porque tal como estaba estructurada Intergaláctica, la parte política tenía un peso muy bajo en la sociedad. Ellos pensaron que llegar a ella a través de muchos representantes el camino estaba alcanzado. De hecho, la sociedad apuntaba que la política era algo irrelevante y que por el camino que iban con toda la tecnología al servicio de la sociedad, la función del político iba a ser solo algo simbólico.

Capítulo 9 / NUEVOS PLANES

Está visto que durante muchos años el grupo ha tratado de influir en la sociedad divulgando los posibles riesgos que pudieran existir. Desde la política, también querían influir para realizar cambios en las leyes, por lo que deciden apostar por otro camino: el más peligroso e impopular como es recurrir a los actos de sabotaje y algo de terrorismo, pero sin causar daños personales, con el fin sembrar miedo, y justificar cambios. Ellos serían los encargados de resolver esa riesgosa situación.

En Intergaláctica nunca dieron prioridad a la seguridad y defensa. No tenían ejército militar, sólo un cuerpo policial que por antigüedad fue mermando; en la medida que algún miembro se retiraba, la vacante no la ocupaba nadie, circunstancia que daba la señal que el lugar poseía una vida en apariencia más segura. Tomaron la decisión que cualquier cargo que quedara libre no sería ocupado, porque desde hacía ya muchos años nadie solicitaba plaza para ser policía.

El ideario del grupo era dar un vuelco definitivo a la situación. Si tenían la certeza que tenían que parar el progreso tecnológico y productivo, también estaban conscientes de no poder hacer cambios a través de leyes, por lo que inevitablemente tenían que buscar la solución por otro camino. Diseñaron un plan de crear un cuerpo de seguridad armada que ellos mismos controlarían y justificarían muy bien, porque en Intergaláctica no había sido necesario.

31

CUARTA PARTE

Capítulo 10 / SABOTAJES

El diseño de un nuevo plan ofrecía *"ligeros cambios de estructuras materiales y físicas en un estado de desaparición temporal para construir nuevas estructuras más duraderas y adecuadas para el colectivo"*, y ya saben con quién cuenta para prepararlo y llevar a cabo el programa sin levantar sospechas.

Los sabotajes se inician en el año 2053 en el territorio de Herz, y escogen restaurantes, asegurándose que en la madrugada después de cerrar los locales no se encuentre nadie. Colocaban pequeñas cargas explosivas para evitar daños mayores, sólo las ventanas se destrozaban, estas eran de la tecnología desarrollada por la familia Morgan-Brown que, al romperse los vidrios, se volvían flexibles como plástico y sus pedazos se redondeaban para evitar heridas.

Cometido el acto buscaban en las cámaras y nunca encontraron a nadie sospechoso. La facilidad de los resultados los llevó al siguiente paso: aplicar el método en las escuelas los fines de semana cuando no había ninguna ocupación.

Este estilo de sabotaje, llevado a cabo en menos de seis meses, se extendió a los otros cuatro territorios, Boral, Austral, Levant y Perth. Se trataba de una situación totalmente inédita en todos los territorios de Intergaláctica. Como dato curioso, en ninguno de los casos las cámaras captaron movimientos donde se producían los supuestos actos de sabotaje.

Es el momento en el que *FEq* lanza otro de sus mensajes alarmistas diciendo que ellos lo habían advertido y nunca le prestaron atención a sus planteamientos. Para ese momento ellos proponían un Estado más fuerte para resolver este tipo de situación, y si no se hacía algo a tiempo los daños no sólo iban a ser materiales sino también humanos.

Tres meses después de insistir sobre el peligro de los sabotajes, y aprovechando el pánico generado, se movieron todas las piezas para que *FEq* sacara adelante una ley de "*Seguridad Inmediata mientras duren los sabotajes*". La Ley planteaba y enumeraba toda la estrategia para terminar con los sabotajes. Se comprometían a resolver el problema, pero necesitarían recursos para atender la situación. Ante la petición, no encontraron resistencia a su planteamiento y tuvieron el respaldo de muchos sectores. La familia Morgan-Brown, como siempre al servicio, por su experiencia, tecnología y recursos, ofrecieron total apoyo para resolver esta delicada situación.

FEq sabía que lo mejor era que nadie se metiera en este proyecto de seguridad y muchos menos la familia Morgan-Brown, porque podrían levantarse sospechas de que todo esto era un montaje. Las respuestas que dieron a las personas que deseaban prestar colaboración era: "hay que analizarlo bien porque ya existe un plan establecido", ante cualquier cambio le avisamos. Al final optaron por decir a todos los posibles colaboradores que se trataba de un plan estatal, por lo que debía mantenerse en secreto y no mezclarlo con entes privados.

Las condiciones estaban en bandeja de plata para empezar con el plan. Se trataba de algo mediocre y chapucero; consistía simplemente en colocar personas afines al grupo en puntos claves para cuidar las instalaciones. Supuestamente estaban bien entrenados, pero a la gente le parecía extraño porque todos *los vigilantes* no tenían medios físicos para solventar un posible ataque, pero si habían conseguido algo que ya habían esquivado, hacer o modificar una ley. Tenían en sus manos la ley que se inventaron, el de la *"Seguridad Inmediata mientras duren los sabotajes"*

Al poco tiempo de aplicar el plan de seguridad los resultados empezaron a registrarse de manera suspicaz; donde estaban los cuidadores no sucedía nada, porque obviamente ellos mismos eran los propios saboteadores y pararon sus actos vandálicos donde ellos habían colocado vigilancia. Antes de culminar el año 2053, *FEq* resolvió el supuesto problema de la seguridad en intergaláctica y con esto se ganaron el reconocimiento y agradecimiento de muchas personas.

Argumentaron que el factor humano fue la razón del éxito, y no la tecnología que tenía Intergaláctica. Por estas razones pusieron límite a todo lo que tuviese que ver con las maquinas. Aseguraron que la condición de tener un Estado fuerte, fue vital para resguardar a los ciudadanos y evitar exponerlos a situaciones de inseguridad. Concluyeron que el Estado debía siempre tutelar y proteger al ciudadano.

34

Antes de terminar con los sabotajes promovidos, ellos aprovecharon la preocupación y confusión para cambiar el nombre a la ley transitoria *"Seguridad Inmediata mientras duren los sabotajes"* por la de *"Seguridad Inmediata"*. Esta fue la razón que se esgrimía cuando señalaban que ya todo estaba controlado y que la ley era temporal; ellos replicaban que no era temporal, era permanente y por lo tanto debían continuar con este modelo de seguridad para la sociedad.

Al no sucederse más actos de sabotaje, se hizo necesario volver a la realidad y seguir por el camino de prosperidad que hasta hace muy poco era lo normal en Intergaláctica. Una vez resuelto el supuesto problema, los vigilantes se marcharían porque no se veía ningún peligro; por el contrario, decidieron incorporar más gente como vigilantes. Para este operativo se excluyó totalmente a la policía y no se les permitió que aportaran conocimientos y experiencia.

Capítulo 11 / DESCENSO TECNOLÓGICO

Con la nueva ley de *"Seguridad Inmediata* se estableció un control tecnológico por parte del Estado. Los avances relacionados con tecnología y seguridad no podían estar en manos de particulares, y si la situación lo requería, podrían ser congelados sus bienes temporalmente.

Con el control se obligaba a las empresas tecnológicas y de seguridad, que toda acción e iniciativa pasaría por la Auditoría que el Estado estableciera, cualquier cambio tenía que ser notificado y una vez aprobado podían ejecutarse. Muchos pensaban que estas medidas serían pasajeras y por lo tanto no cambiaron nada esperando que eliminaran el decreto

Luego de tres meses, muchas empresas tenían sus planes de inversión, crecimiento, etc., y la solución que les quedaba era hacer caso omiso al decreto o en su defecto solicitar permisos para realizar los cambios en sus propias empresas. Estas solicitaron los cambios para que fuesen aprobados por los supuestos expertos auditores estatales, pero al enviar las solicitudes, recibían de vuelta un correo donde les indicaban que no se podían realizar a través de medios informáticos, debían imprimirse y el documento en físico consignarlo al nuevo ministerio que se había creado llamado *"Ministerio Tecnológico Estatal"*. Esta institución estaba ubicada solamente en Herz y no tenía otras sedes.

El resultado fue que en muy corto plazo muchas empresas empezaron a estancarse y bajaron su productividad por las esperas indefinidas de respuesta, al punto de que muchas empresas optaron por no solicitar más permiso y tomar las decisiones que consideraban oportunas.

En la mitad del año 2054, las empresas que decidieron actuar y tomar sus propias decisiones fueron notificadas que de seguir con esa actitud de desobediencia serian multadas y el Estado tomaría el control de ellas. Unas obedecieron pero las otras no, estas últimas fueron tomadas en *control temporal* pero nunca se especificaba el tiempo. Cuando esto sucedía enviaban a unos auditores estatales para verificar que estas empresas estuvieran cumpliendo el reglamento. Ellos tenían la potestad de tomar las decisiones que consideran oportunas, aunque los propios dueños no estuviesen de acuerdo.

Capítulo 12 / DECADENCIA PRODUCTIVA

A finales del año 2054 se estableció que la ley de Control Tecnológico y Seguridad, se debía replicar a todos los sectores productivos para garantizar la estabilidad y orden social, de esta manera todos quedaban tutelados por mandato estatal. Transcurrido poco más de un año, a comienzo de 2056, muchas empresas estaban prácticamente improductivas y la recaudación de impuestos en menos de un año había bajado a más de la mitad.

Esta situación obliga al nuevo Estado anunciar medidas de alarma presupuestaria para recuperar los ingresos públicos, una de ellas es aumentar al doble los impuestos para recuperar los ingresos anteriores. En intergaláctica el impuesto no superaba el 1% y la otra recaudación era a través de acción solidaria. Cuando se requería un apoyo específico, los ciudadanos realizaban aportaciones espontaneas para cubrir algunos proyectos. En muchos casos la recaudación a través de solidaridad era mayor que la obtenida a través de impuestos.

En el 2057 muchas empresas fueron a la quiebra y la recaudación volvió a caer en más del 60% respecto al año anterior. Se estableció entonces que para el año en curso los impuestos que habían logrado superar el 2% aproximado debían subir al 15%. La recaudación para los proyectos sociales extras que se llevarían a cabo no sería a través de solidaridades espontanea, sino que será obligatorio y el Estado establecería cuanto debía aportar cada uno; si alguien no tiene los recursos suficientes para pagar esta nueva forma de solidaridad, se le expropiarían sus bienes hasta completar lo exigido.

El problema creciente del desempleo que se estaba produciendo prohibía a las empresas, independientemente de su tamaño, despedir a sus empleados. Si estos alegaban que no tenían como cubrir los sueldos de los trabajadores, dichas empresas serían expropiadas para garantizar tanto la estabilidad laboral como la prohibición de ir a la quiebra.

Antes del año 2057 había libertad empresarial para cerrar si veían que la empresa ya no era viable para seguir operativa. Con la nueva ley se impone la prohibición de ir a la quiebra argumentando que si hay dificultades económicas había que notificar al Estado y éste tomaría la decisión de expropiar u obligar para seguir operando.

Capítulo 13 / JUICIO A LA QUIEBRA

La falta de productividad hizo emigrar a los empresarios de Intergaláctica y decidieron dejar sus empresas abandonadas. Los que optaron por quedarse fueron llevados a juicio por "traición al desarrollo económico-productivo de Intergaláctica". Algunos fueron dejados en libertad y otros condenados a la cárcel. Los que recibieron condenas de prisión se percataron que la última cárcel que había estado operativa fue cerrada en el año 2050.

Seis años transcurridos en un lugar donde no se habían cometido delitos que justificara llevar a alguien a prisión. La mayoría de las cárceles terminaron convertidas en museos, otras se modificaron para transformarlas en centros comerciales, hoteles, y otros usos. Ante la ausencia de prisiones las autoridades decidieron dar a los empresarios enjuiciados casa por cárcel mientras se construían nuevas infraestructuras en cada uno de los territorios.

QUINTA PARTE

Capítulo 14 / RETOMANDO LAS CÁRCELES

Con la ley de "*Seguridad Inmediata*" *FEq* había conseguido el control de Intergaláctica en todos los territorios y se proclamaba como "*garante del nuevo estado social organizado*". Uno de los nuevos proyectos fue asegurar el bienestar de seguridad de sus ciudadanos, poniendo en curso la medida de construir nuevas cárceles para neutralizar los posibles peligros de gente mal intencionado con el desarrollo de Intergaláctica.

El proyecto de construcción de cárceles exigía recursos humanos y materiales y los ingresos visibles provenían de todas las empresas que ya no producían, y estos eran escasos. Sin embargo, había recursos en reserva que fueron recaudadas en los años anteriores cuando *FEq* tomó el control de intergaláctica.

Los recursos disponibles eran para contratar personas y empresas. Hicieron licitaciones para ubicar empresas dispuestas para realizar estos trabajos. Les dieron un mes de plazo para entregar sus presupuestos. Estaba previsto que muchas empresas por las dificultades financieras que atravesaban iban a concursar de manera masiva. Cumplido el mes, ninguna empresa asistió.

La ausencia en la participación los sorprendió, por lo que decidieron dar un mes más de plazo para asegurarse que aquellos que ganaran la licitación para ejecutar la construcción de cárceles por toda Intergaláctica, iban a tener la opción de construir nuevas obras públicas en los próximos cinco años. De nuevo la sorpresa, ninguna empresa se presentó posterior al segundo plazo dado.

Los *"garante del nuevo estado social organizado"* se plantearon en obligar a los ciudadanos que tenían empresas de construcción a colaborar con la ejecución de la infraestructura para las cárceles, porque de lo contrario irían presos. Ante la paradoja de que no hay cárceles para llevar a prisión a los desobedientes, surgió un dilema que si no lograban convencer a que se construyeran cárceles, la ciudadanía iba va a percibir que este grupo no tenía poder ni autoridad para controlar a los desobedientes.

Los que tienen la medida de casa por cárcel llevan una vida normal. A ellos se les ha impuesto un mecanismo de vigilancia, pero los encargados de esta labor son los simpatizantes que tienen, y han pasado a convertirse en una nueva policía. Ninguno de estos tiene idea de lo que significa la función policial; por ejemplo, durante muchos días no vigilan a los prisioneros y hasta en muchos casos han estrechado amistad con las personas que deben vigilar. Este plan de *"retomando las cárceles"*, no ha generado el impacto esperado de miedo sobre las personas, por lo que deciden buscar otros medios de control sobre la población.

Capítulo 15 / BUSCANDO OTROS MIEDOS

En Intergaláctica tanto las empresas que habían quebrado como las que fueron expropiadas, tenían empleados que permanecían en ellas para continuar produciendo con procedimientos y rutinas pre-establecidas. Esta inercia se detenía cada vez que enviaban a un "*asesor estatal empresarial*" pero les dio la posibilidad de apropiarse de muchas empresas expropiadas para ofrecer trabajo a todos aquellos que estaban desempleados. De esta idea surgió la creación de un ministerio de ayuda para conseguir empleo, lo llamaron *MINAE* (Ministerio Nacional de Ayuda al Empleo).

La propaganda del MINAE aseguraba que iba a ser el impulsor del crecimiento del empleo. Las ofertas que presentaba no hacían referencia que eran para trabajar en empresas expropiadas, aseguraban que habían sido creadas gracias a la generosidad del Estado. Les cambiaron el nombre, pero con todo y propaganda fueron pocas las personas que se inscribieron en estas ofertas, y automáticamente pasaban a trabajar por la sobre oferta existente de empleo.

La modalidad de contratación exigía pasar primero por el *MINAE* para firmar sus contratos en papel, una actividad nada novedosa para los trabajadores contratados, porque desde hace muchos años la modalidad que se usaba era electrónica. En esos contratos existían cláusulas de confidencialidad donde se obligaban a no proporcionar información a ningún medio de información si estos la solicitaban.

El primer día de trabajo tenían una reunión de bienvenida con el presidente, vicepresidente, contralor empresarial, delegados y supervisores. En estas charlas le explicaban que lo más importante no era la productividad de la empresa, sino el impacto que estas iban a tener en el ámbito social.

El programa contemplaba unas guías para desarrollar su trabajo y finalmente se les informaba que mientras se reestructuraban estas empresas, ellos tenían que seguir asistiendo a los comités de trabajadores, aportar sus opiniones para el mejor desenvolvimiento de la empresa sin contradecir las normas que establecían los entes reguladores; si fuese necesario podrían asistir a alguna convocatoria para manifestar su apoyo al nuevo Estado

Las pocas personas que se inscribieron en estas ofertas observaron que lo único que hacían en estas empresas era recibir charlas extensas, pero no trabajaban, por lo que optaron en renunciar.

Los proyectistas de esta cadena de ideas pensaron que era cuestión de tiempo esperar para que las personas desempleadas al verse sin recursos económicos estuvieran obligadas a aceptar los trabajos. En esta estrategia se mantuvieron todo el año 2058, y por supuesto no obtuvieron los resultados esperados.

Capítulo 16 / ¿DE DÓNDE PROVIENEN LOS RECURSOS?

Estamos en el año 2059. *FEq* inició su andadura en política en el año 2050 y tiene el control político desde 2053. Se han dado cuenta que todavía no son capaces de llevar el control de la sociedad como ellos lo habían planificado, la pregunta obligada ante su incumplimiento es ¿cómo hacen los ciudadanos para mantener su calidad de vida sin pedir ninguna ayuda del nuevo Estado, conociendo que muchas empresas al ir a quiebra y otras al ser expropiadas habían generado mucho desempleo?

Este nuevo Estado también ofreció ayudas para la vivienda, alimentación, educación, etc., lo único que tenían que hacer los ciudadanos era solicitar las ayudas en un nuevo ministerio que se encargaba de tramitar todas estas subvenciones; la convocatoria para recibir estas ayudas fue nula. Tenían que averiguar rápidamente ¿por qué tanta indiferencia a este nuevo Estado?; los ingresos que recaudaba el nuevo Estado cada vez eran menores, y por otro lado los habitantes de Intergaláctica seguían manteniendo su alto nivel de calidad de vida.

A finales de los años 2030 surgió una nueva iniciativa de dinero virtual llamadas criptodivisas, que va directamente del comprador al vendedor libre de intermediaciones, y regulaciones, esto fue diseñado y puesto a la luz pública por alguien que se hacía llamar Yutaca Susumu, poco a poco los ciudadanos de intergaláctica iban adquiriendo esta criptodivisa, a mediados de los 2040 surgieron otras criptodivisas, unas tuvieron éxito y otras no. En el año 2055 cuando se habían egistrado muchas quiebras de empresas y expropiaciones mucha gente empezó a comprar criptodivisas porque sabían que esta era una buena manera de proteger sus recursos sin temor a que se los expropiasen, cada vez tener criptodivisas eran más común entre los ciudadanos para realizar sus transacciones sin ningún problema, y la actividad económica continuaba con total normalidad, cada vez más la divisa oficial de intergaláctica se usaba menos.

El nuevo Estado al conocer esta realidad buscó la manera de prohibir el uso de estas Criptodivisas por ley, pero no había manera de tomar el control de estas transacciones, son inembargables, no existe ninguna entidad que pueda cambiar o impedir transacciones o bloquear cuentas.

Capítulo 17 / UN ESTADO DE PAPEL

A partir de este momento *FEq,* dominante del nuevo Estado, pasa a ser un poder simbólico y decorativo sin ninguna influencia ni control de sus ciudadanos.

Los habitantes de manera inesperada obtienen total independencia para tomar sus propias decisiones, aquellas que consideran más oportunas sin la intermediación de políticos. Mientras tanto el nuevo Estado informaba que si la sociedad seguía usando estas criptodivisas y no la divisa oficial de Intergaláctica, los ingresos que iba a tener el Estado iban a ser muy poco y esto traería como consecuencia el quiebre económico de toda Intergaláctica. Efectivamente los ingresos al nuevo Estado eran irrisorios, ro en ningún momento esto trajo consecuencias negativas para Intergaláctica.

Capítulo 18 / INTERGALÁCTICA ABSORBE A *FEq*

Llegó el día en que la vida diaria de Intergaláctica iba por un camino y el nuevo Estado era solo un papel. En el caso particular de los integrantes de *FEq*, pasaron directamente a apropiarse de todas las empresas que habían expropiado y de los ingresos del Estado. Estas empresas se convirtieron en lugares abandonados e inservibles, intentaron vender estas empresas expropiadas, y no lograban su propósito. Después bajaron los precios y nadie mostró ningún interés.

El dinero que tenían ya no era aceptado en todos los sitios, y a ello se añadía que la divisa oficial de Intergaláctica se depreciaba cada día más. Con este panorama se dieron cuenta que ya no podían vivir de la política, porque, aunque Intergaláctica en el papel seguía siendo un Estado, sus habitantes ya no necesitaban intermediarios políticos para que ellos tomaran sus propias decisiones y llevaran a cabo sus planes de vida.

FEq pasó a ser un grupo más de personas dentro de una población, y prácticamente ya ni de ellos se hablaba. Con el tiempo se convirtieron en unos desconocidos, Nadie supo más de ellos, como si nunca habían existido.

Printed in Great Britain
by Amazon